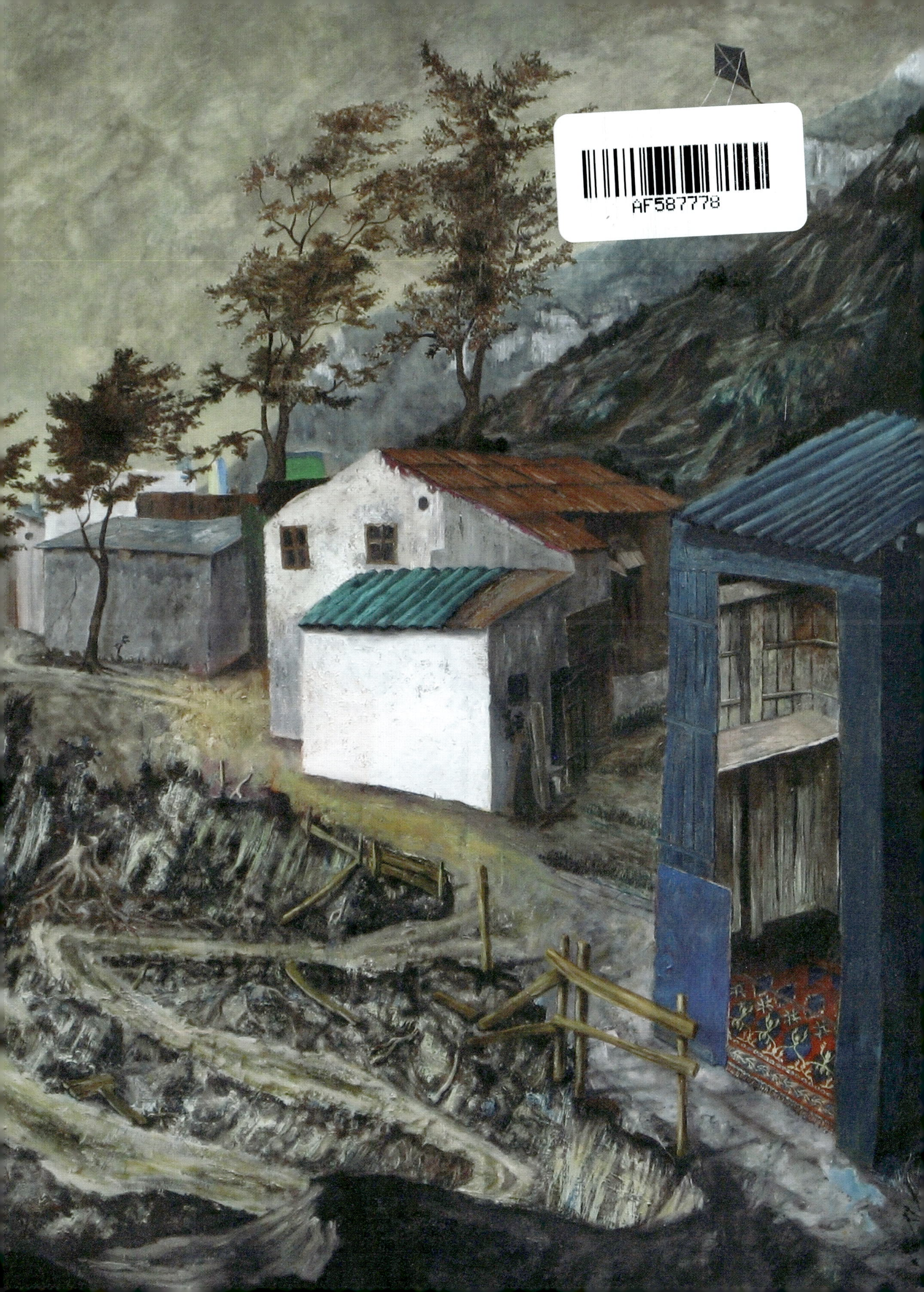

AF587778

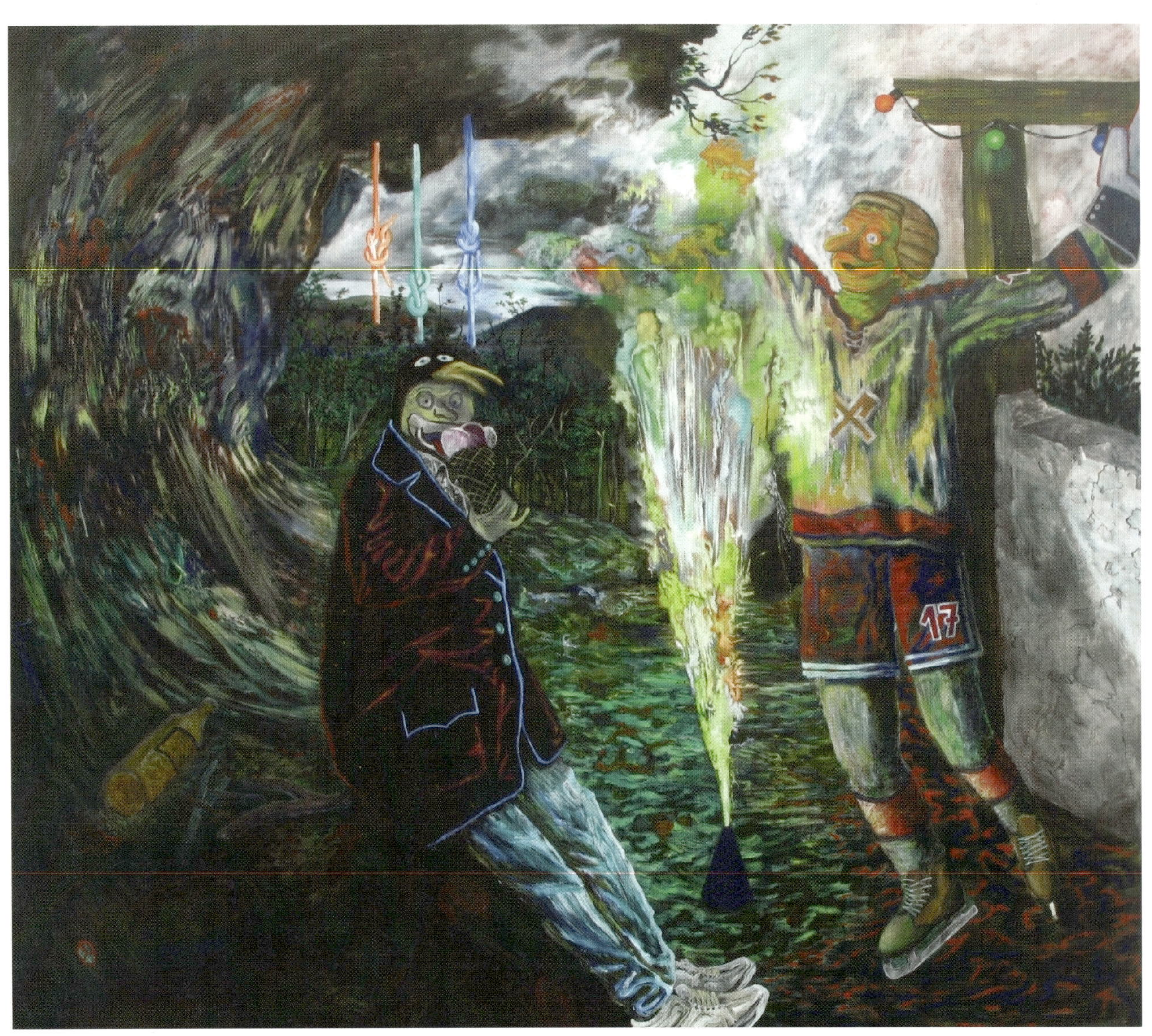
17

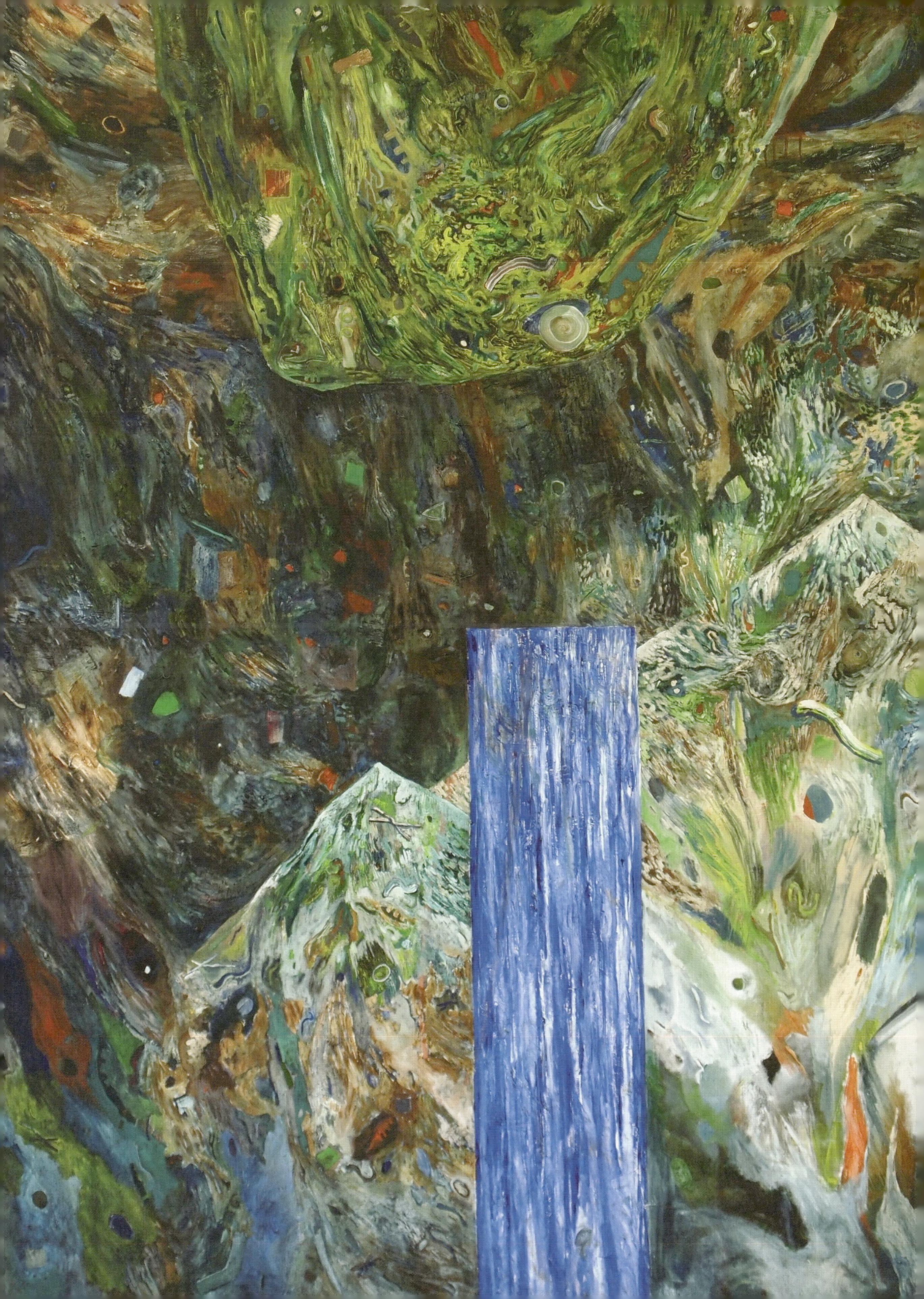

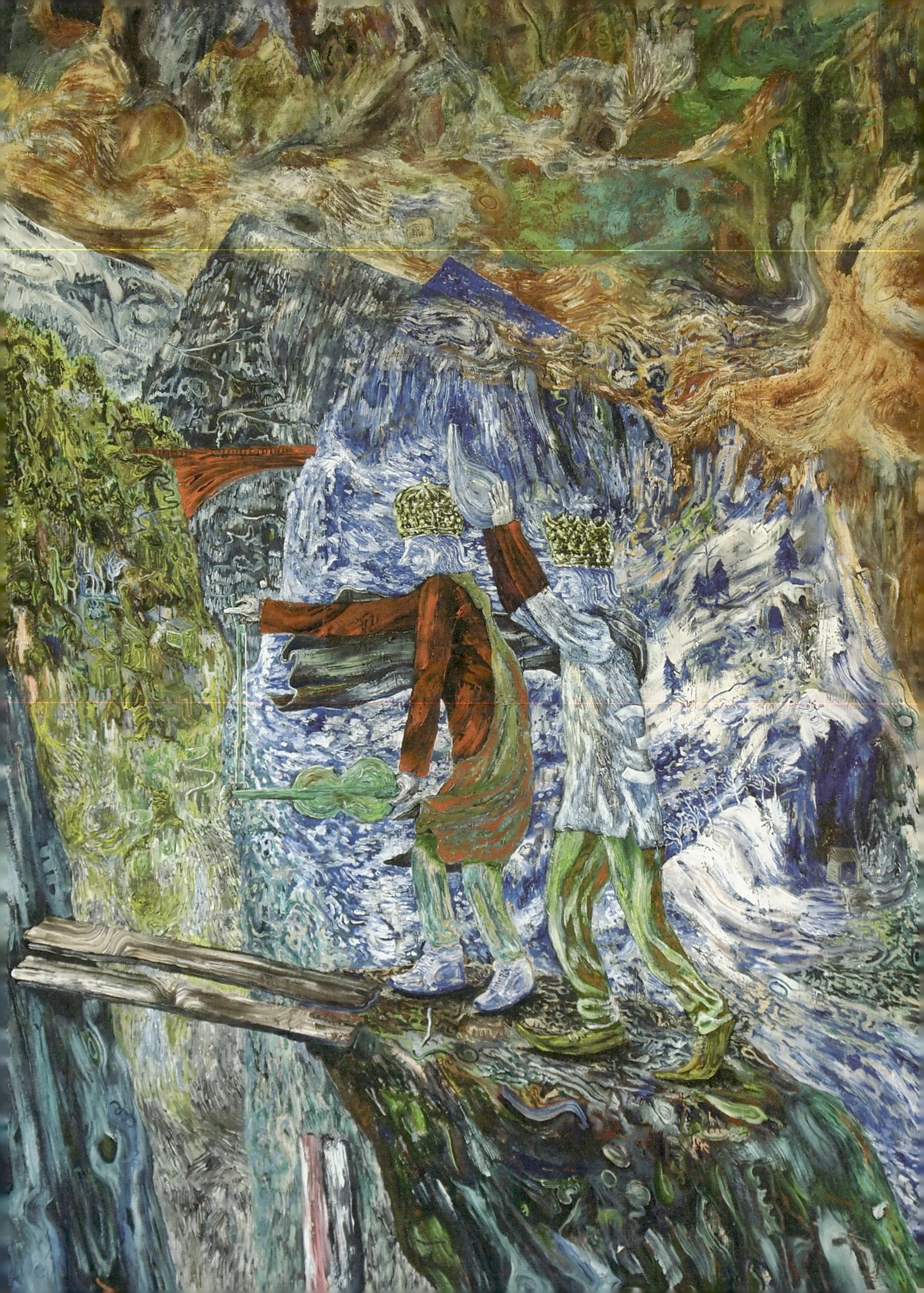

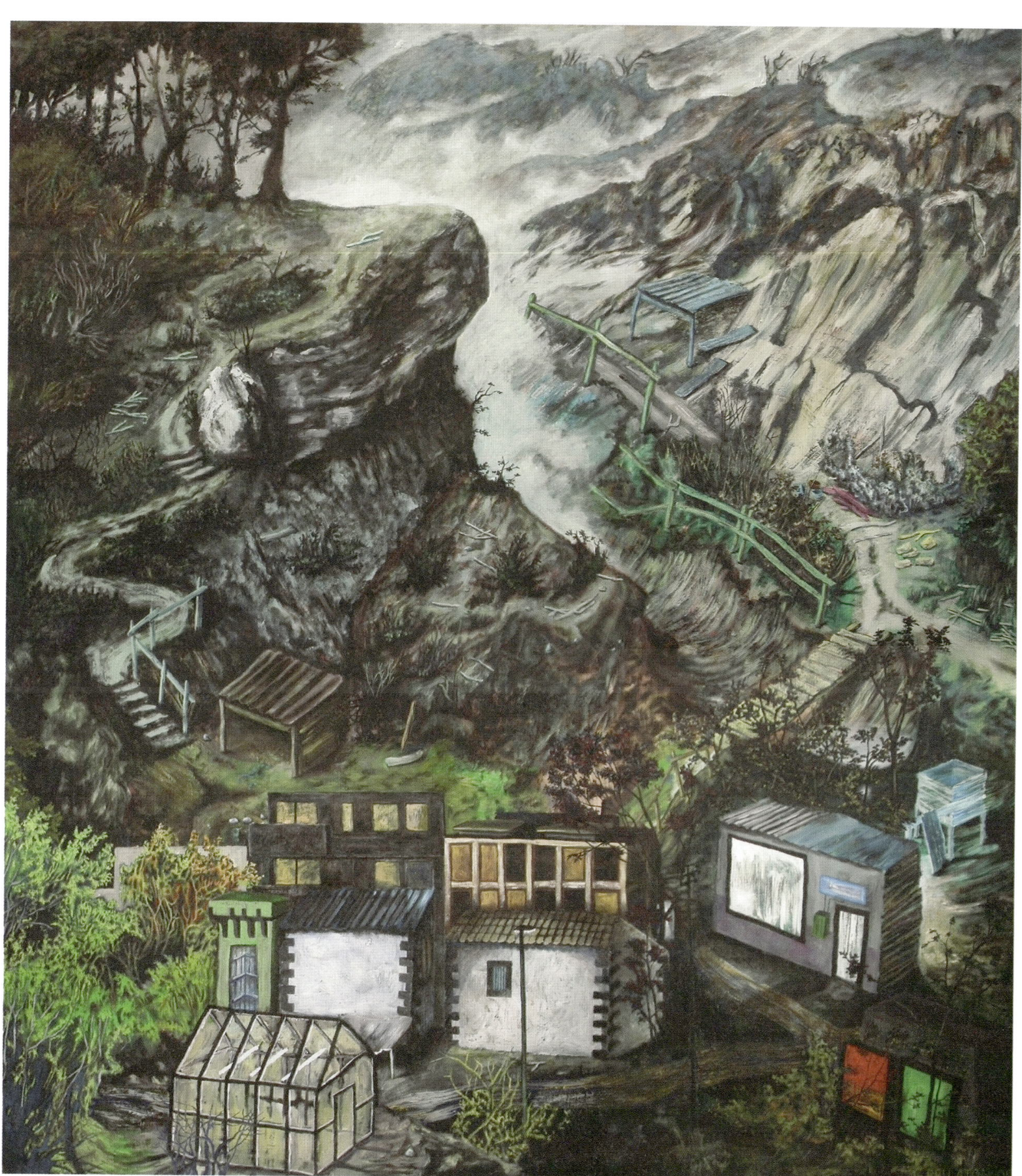

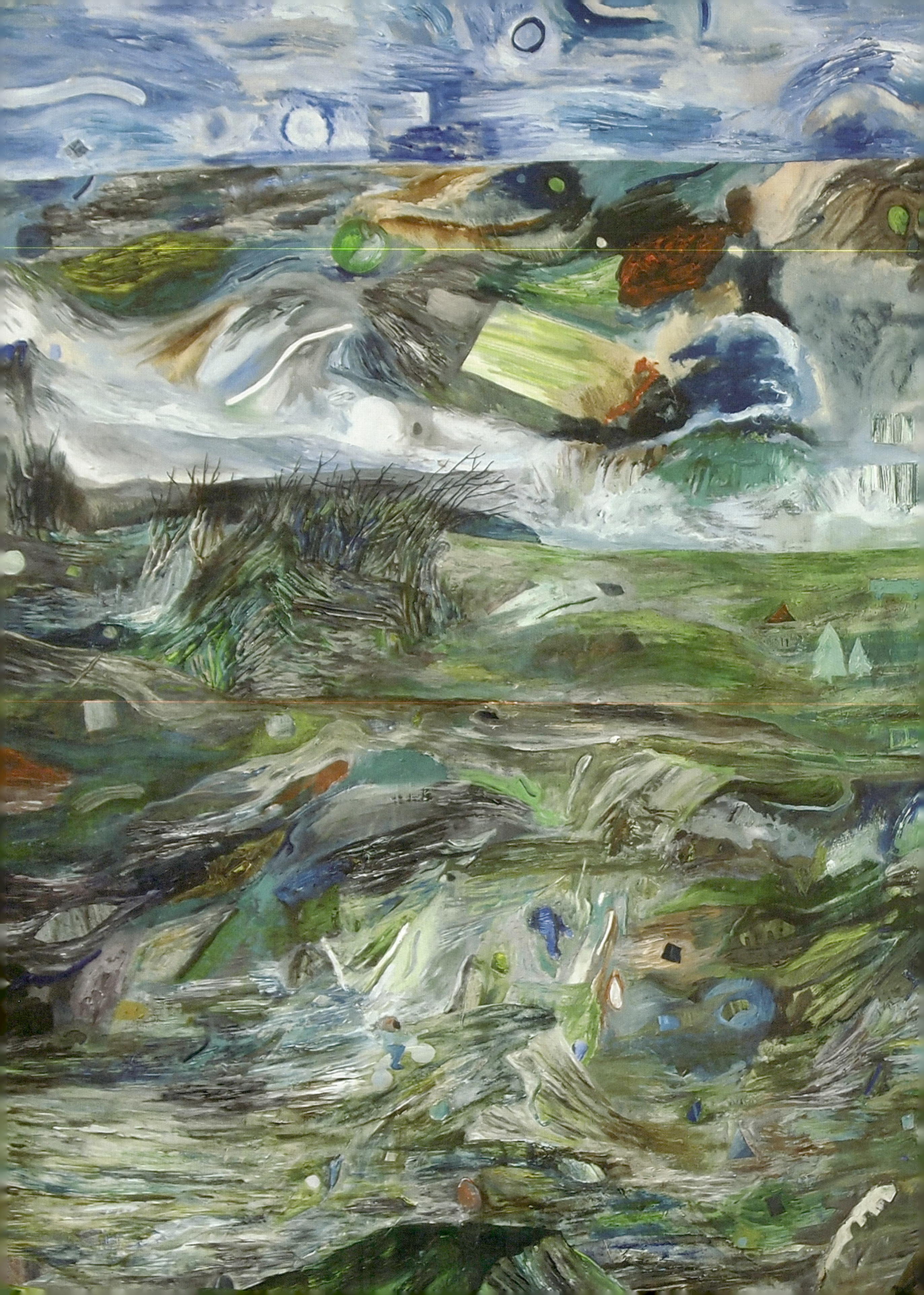

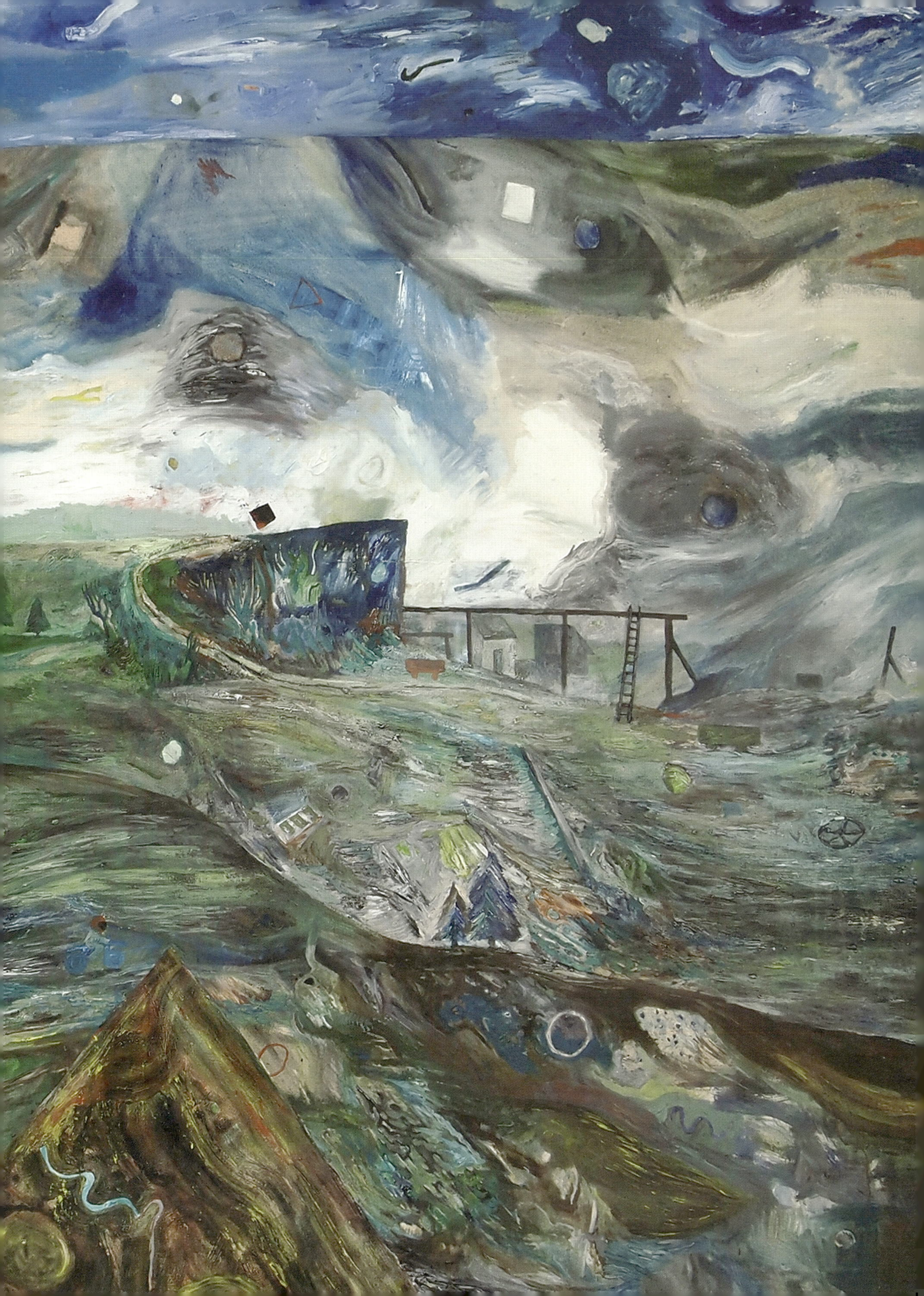

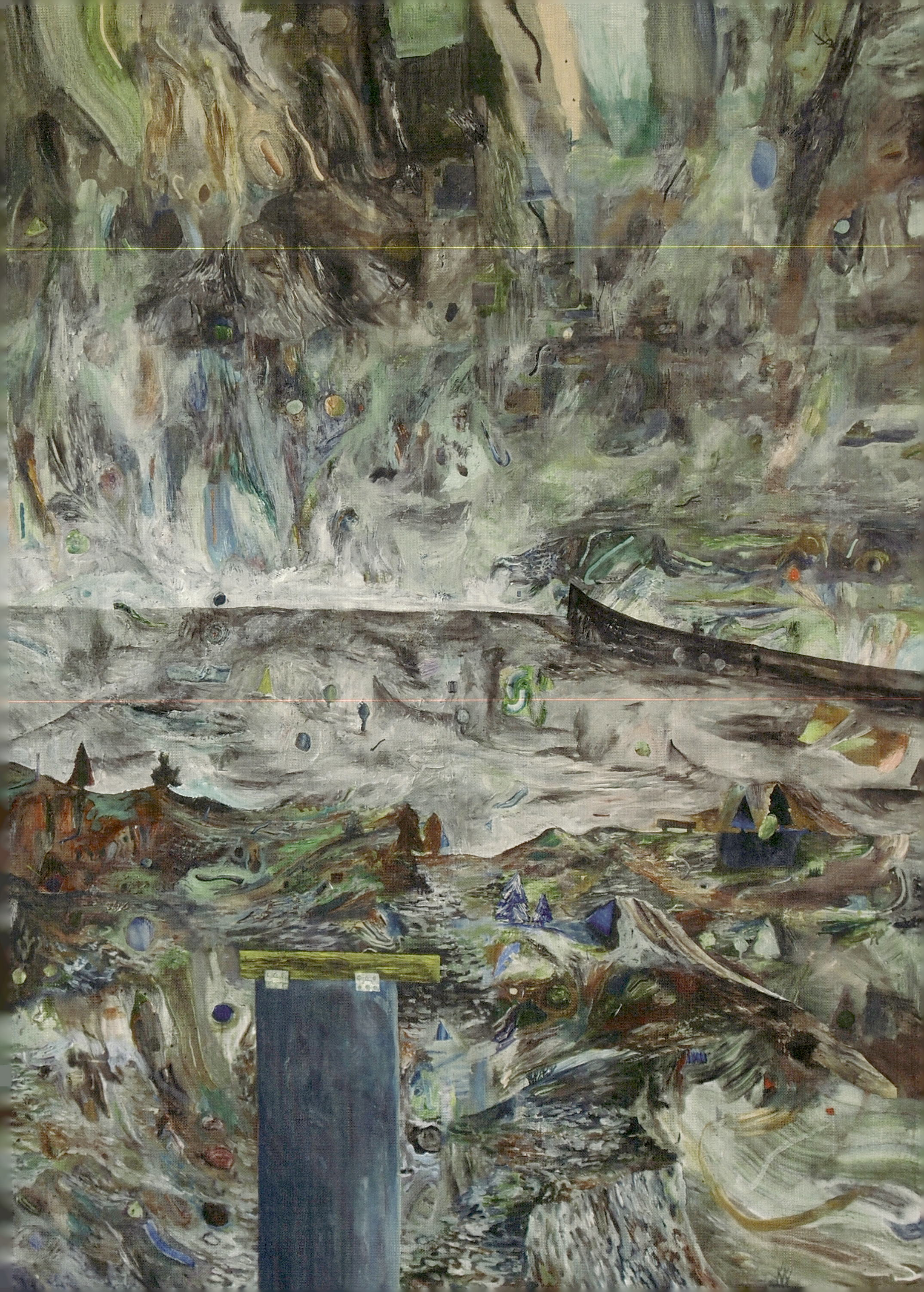

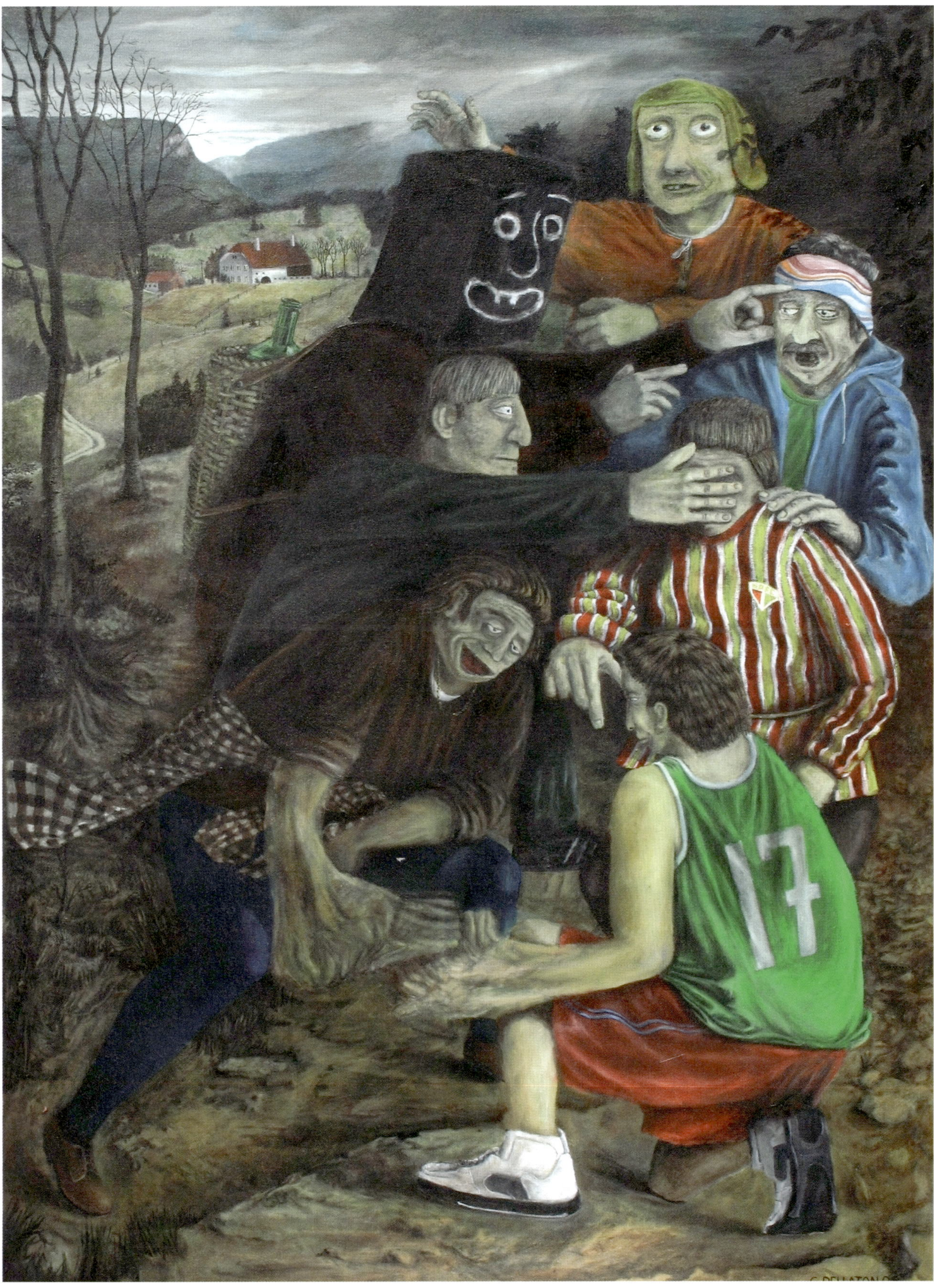
17

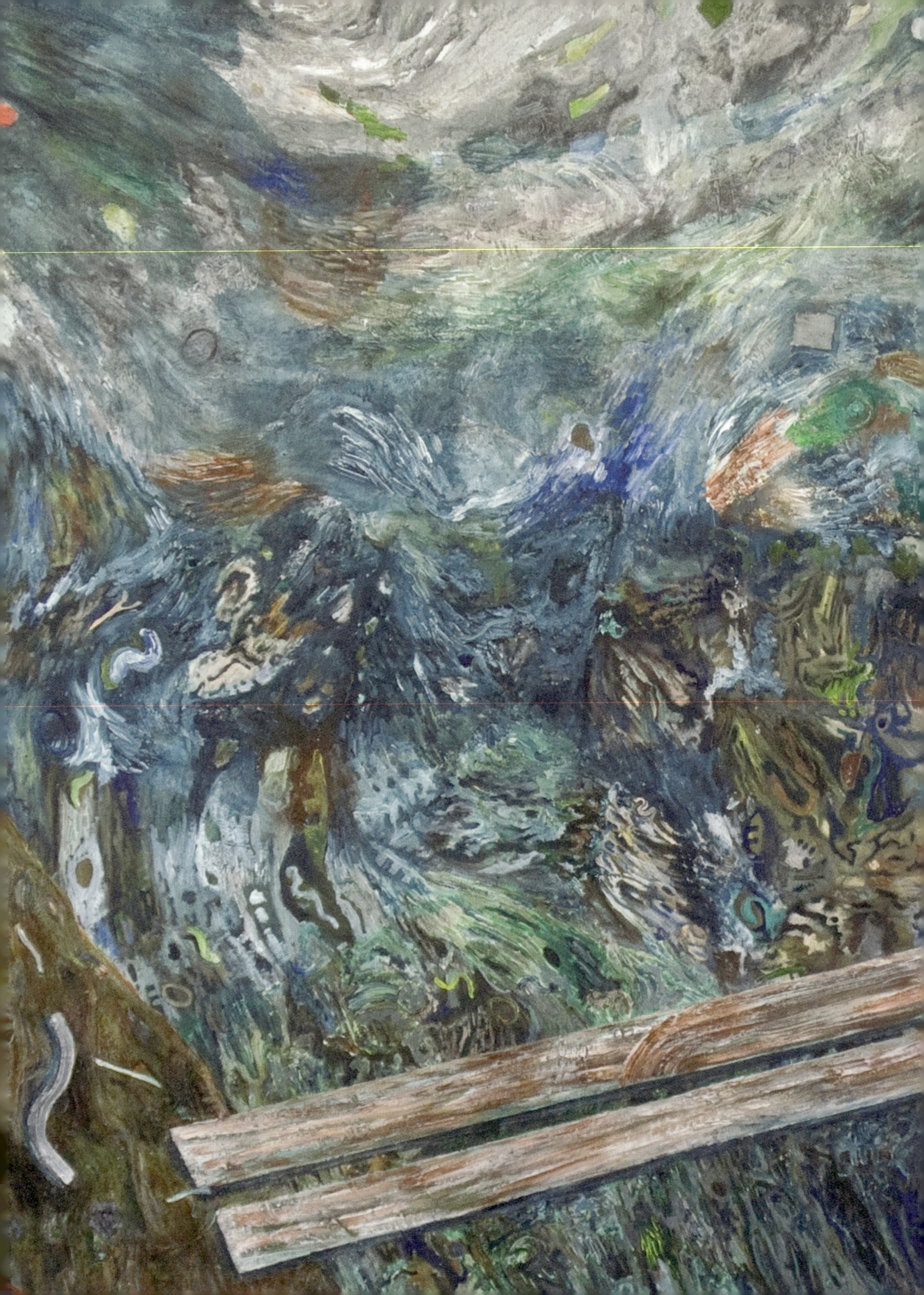

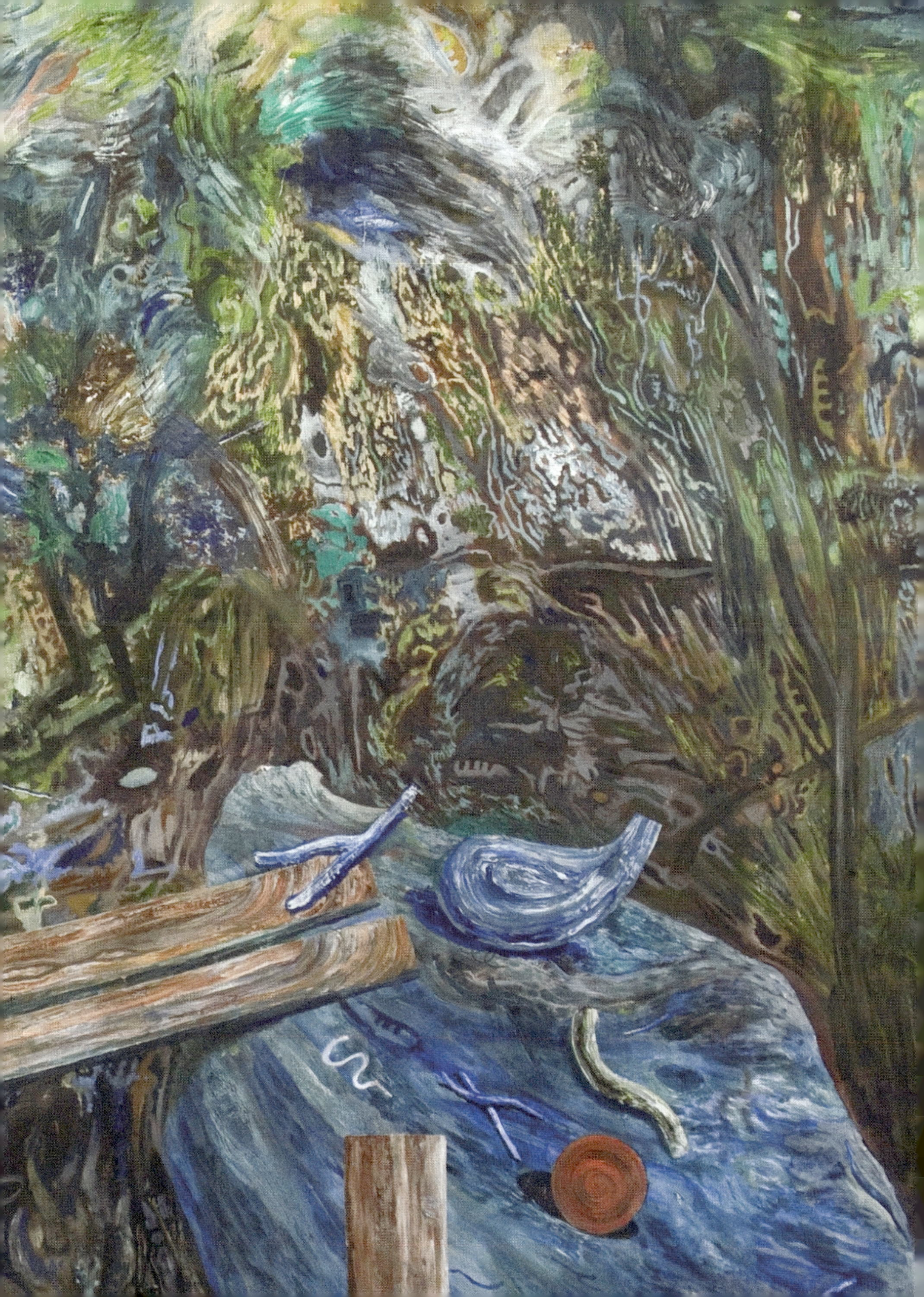

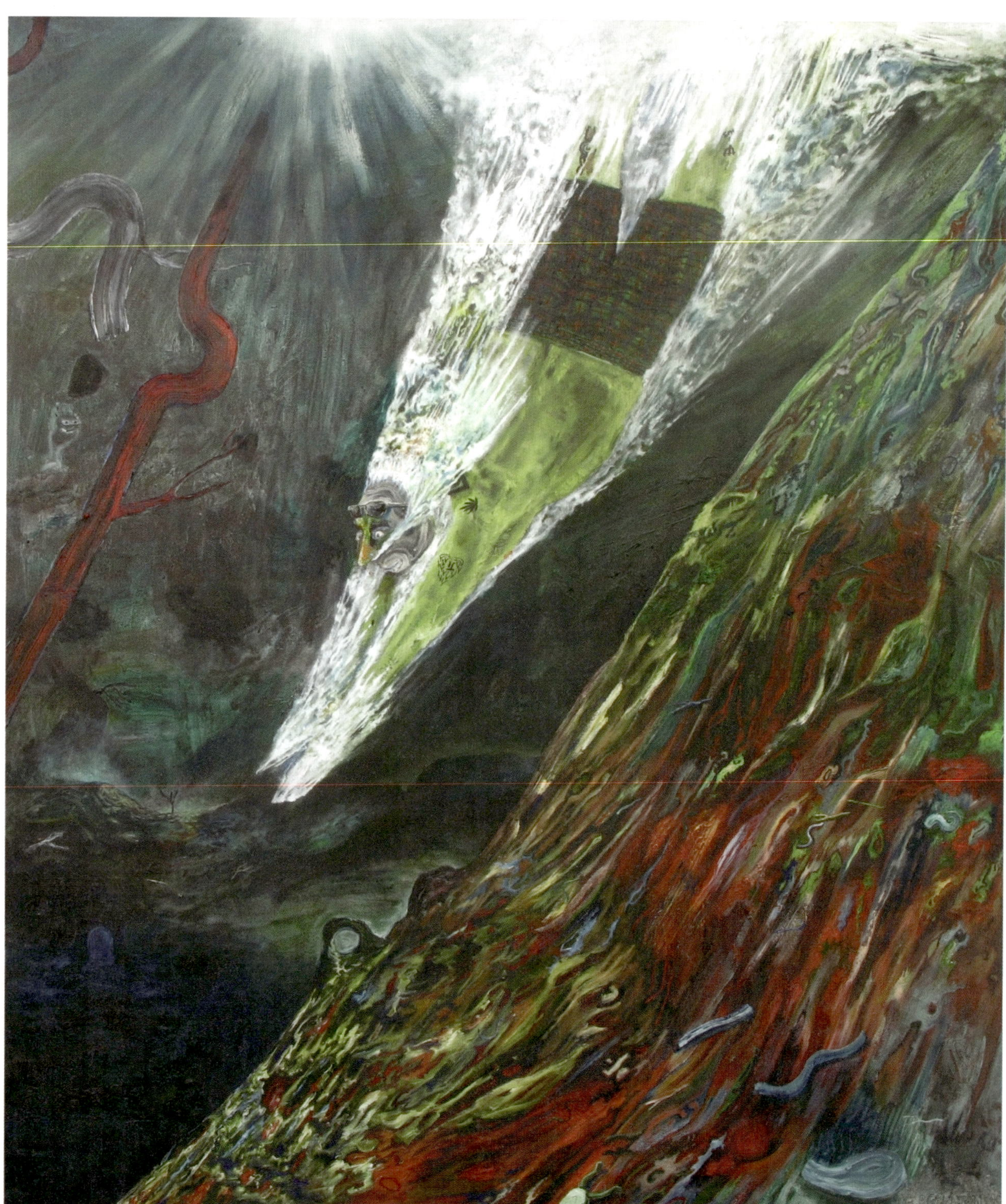

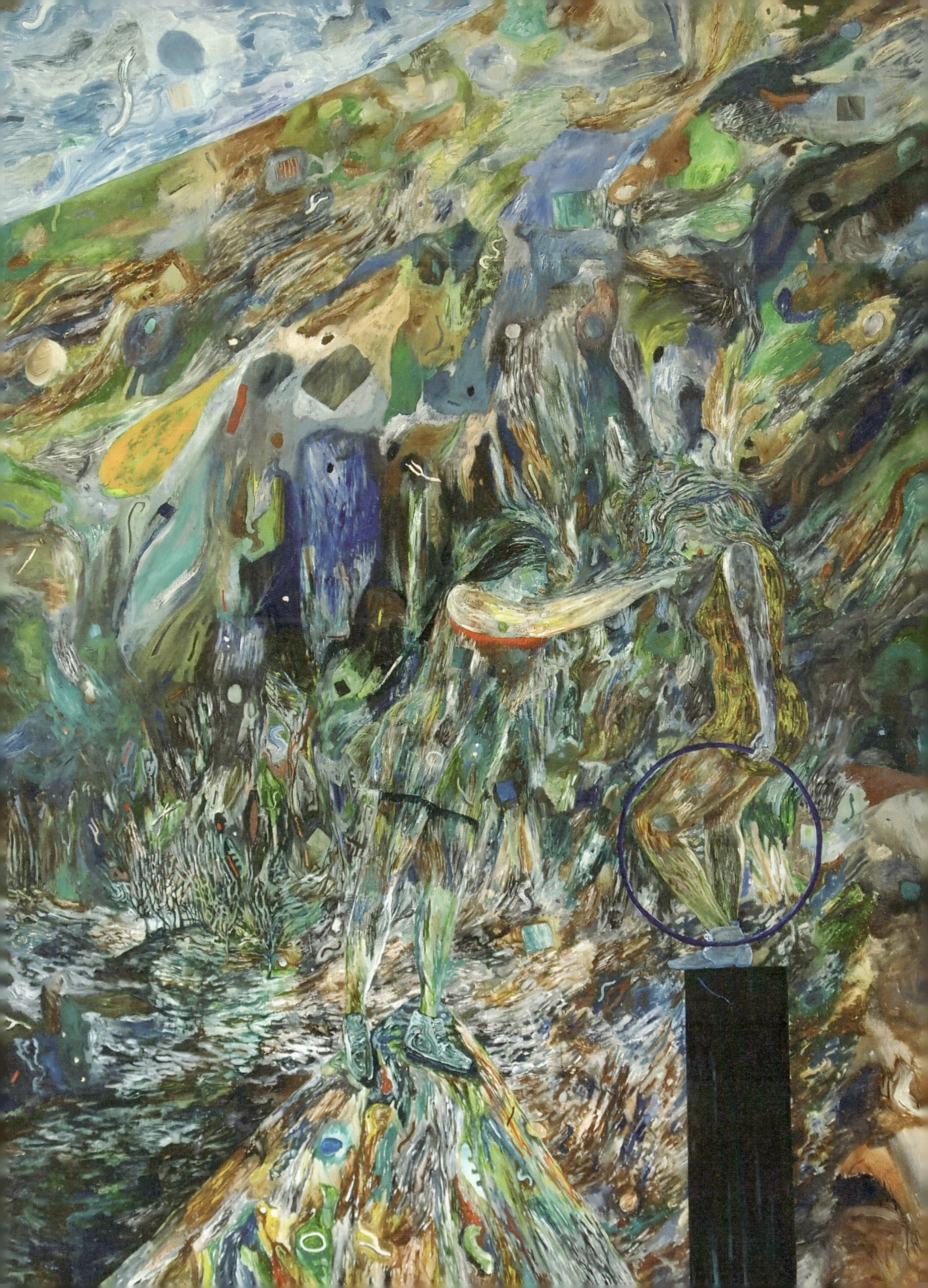

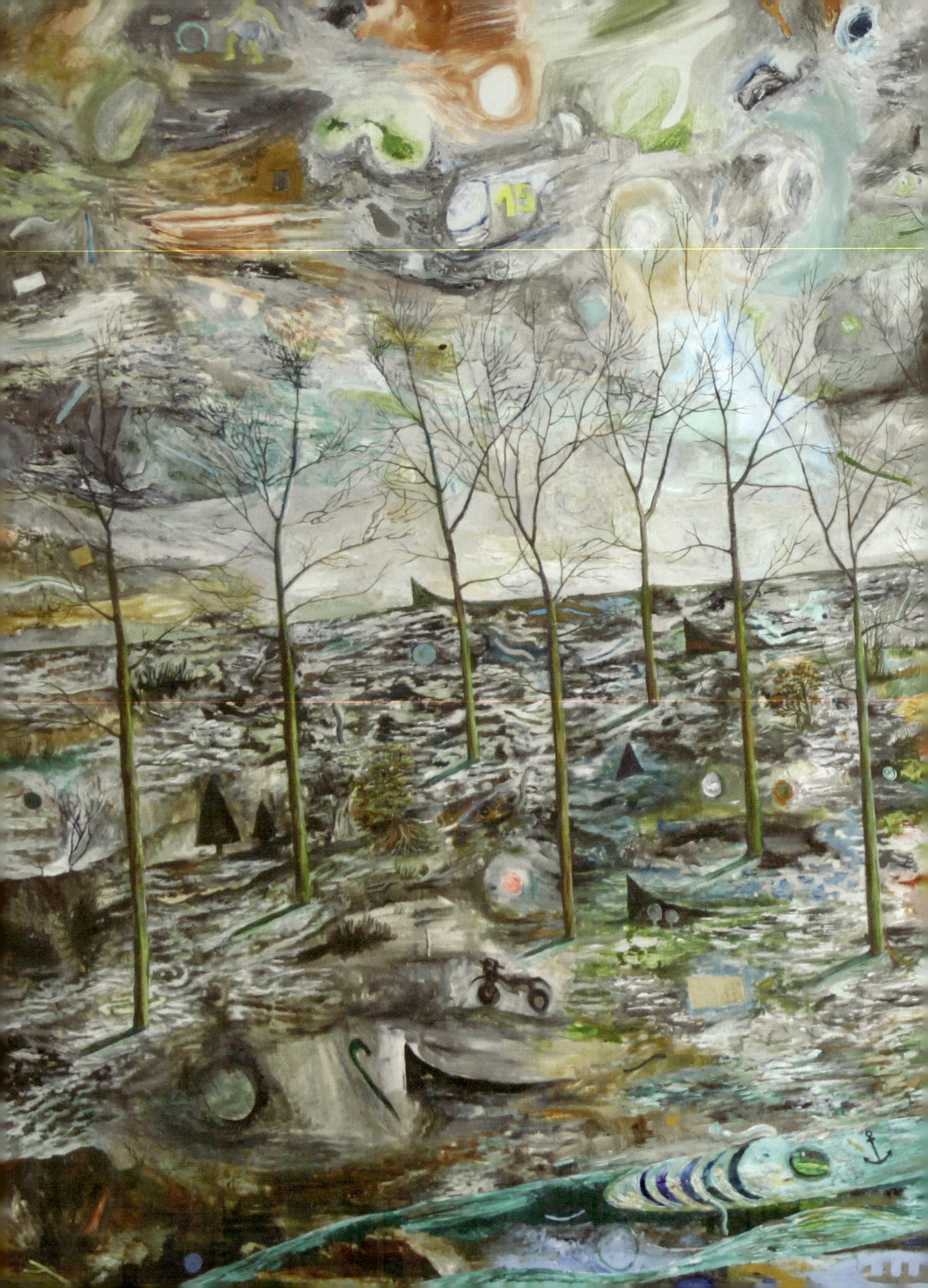

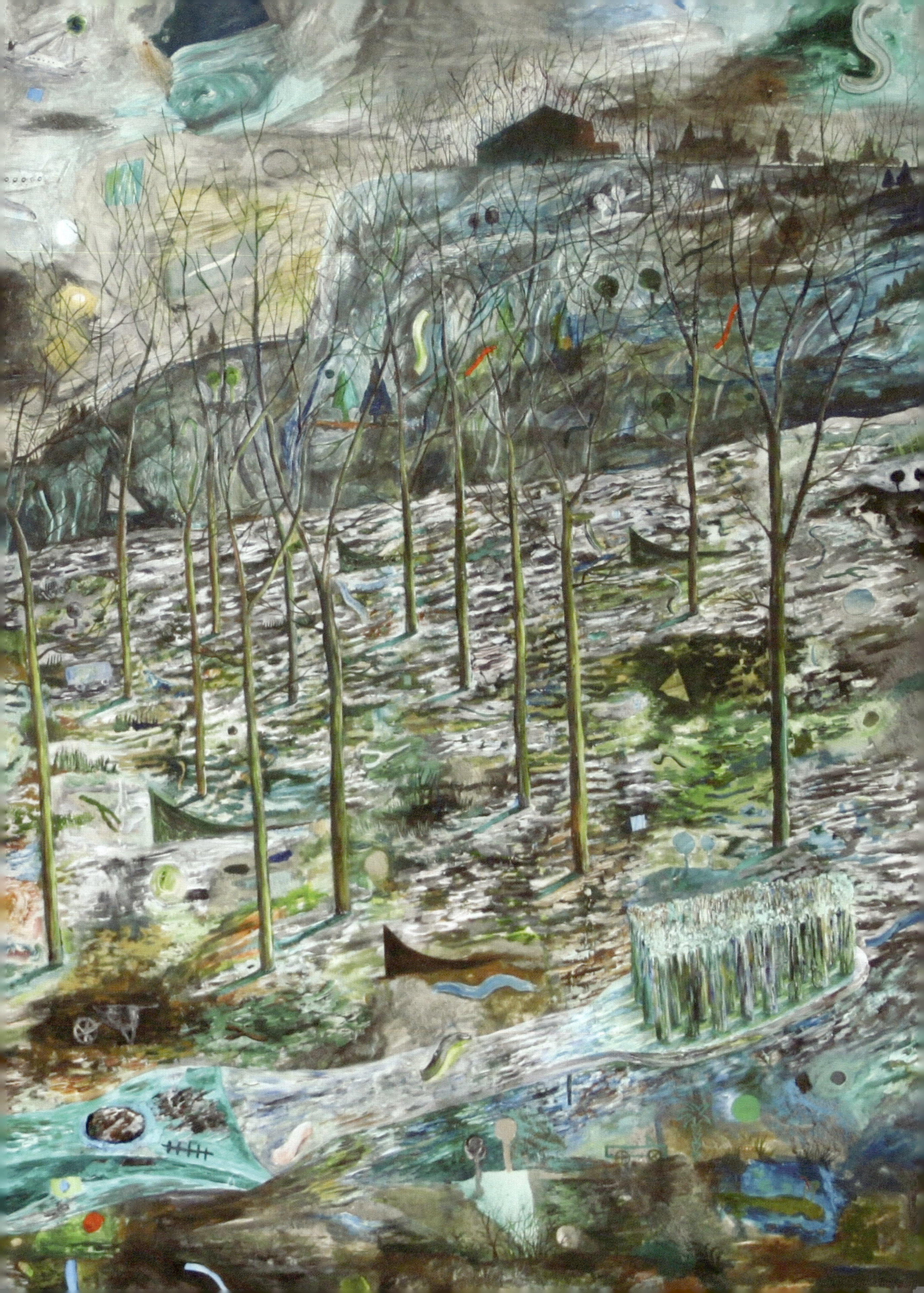

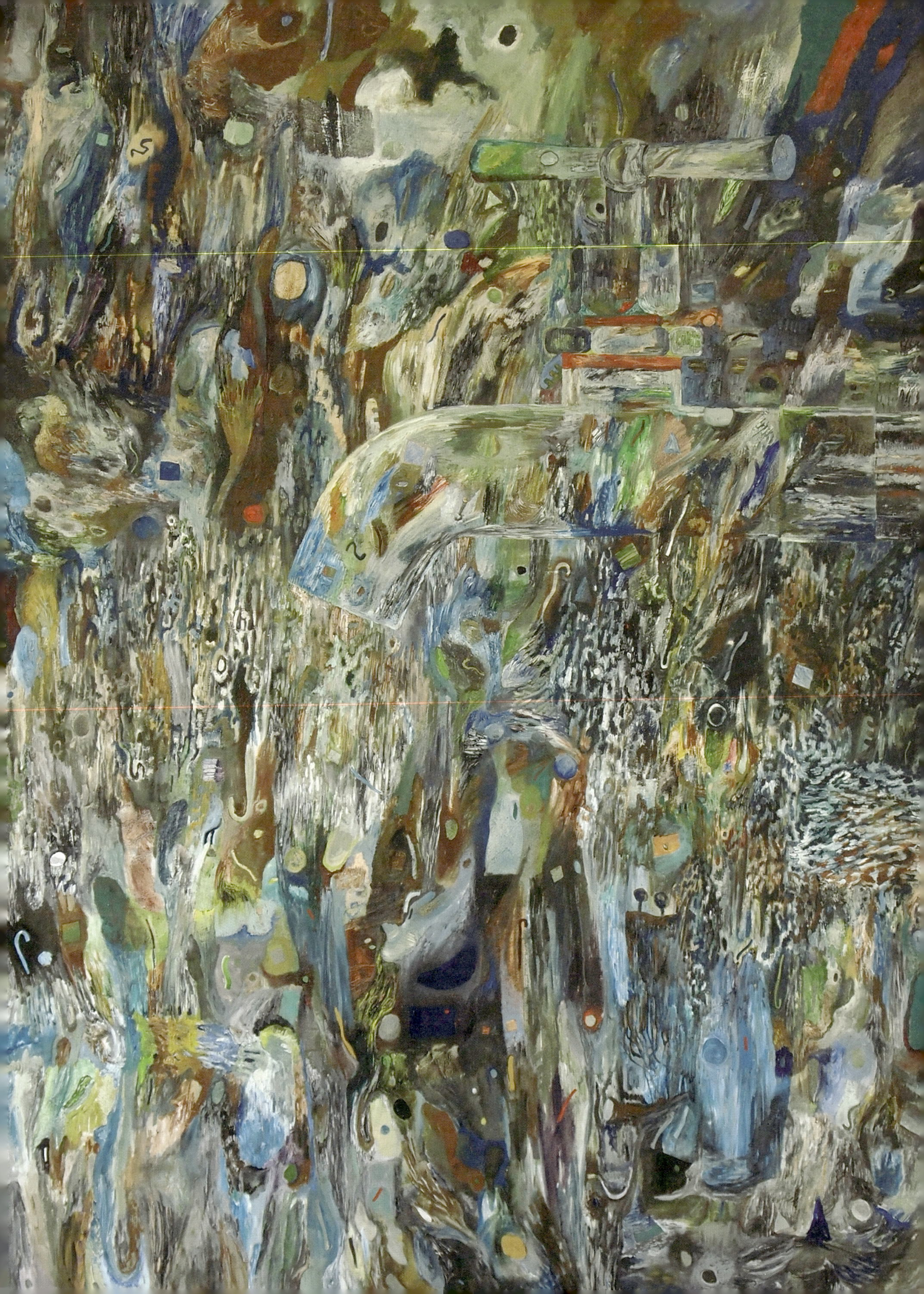